BEI GRIN MACHT SICH IHR
WISSEN BEZAHLT

AF151403

- Wir veröffentlichen Ihre Hausarbeit,
  Bachelor- und Masterarbeit

- Ihr eigenes eBook und Buch -
  weltweit in allen wichtigen Shops

- Verdienen Sie an jedem Verkauf

Jetzt bei www.GRIN.com hochladen
und kostenlos publizieren

Jürgen Berndt

Literaturbericht zu Karin Finks Aufsatz „Aufsuchende Sozialarbeit im Bereich der männlichen Prostitution"

GRIN Verlag

Bibliografische Information der Deutschen Nationalbibliothek:

Die Deutsche Bibliothek verzeichnet diese Publikation in der Deutschen National-
bibliografie; detaillierte bibliografische Daten sind im Internet über http://dnb.d-
nb.de/ abrufbar.

Impressum:

Copyright © 2003 GRIN Verlag GmbH
Druck und Bindung: Books on Demand GmbH, Norderstedt Germany
ISBN: 978-3-656-03510-7

Dieses Buch bei GRIN:

http://www.grin.com/de/e-book/180729/literaturbericht-zu-karin-finks-aufsatz-
aufsuchende-sozialarbeit-im-bereich

GRIN - Your knowledge has value

Der GRIN Verlag publiziert seit 1998 wissenschaftliche Arbeiten von Studenten, Hochschullehrern und anderen Akademikern als eBook und gedrucktes Buch. Die Verlagswebsite www.grin.com ist die ideale Plattform zur Veröffentlichung von Hausarbeiten, Abschlussarbeiten, wissenschaftlichen Aufsätzen, Dissertationen und Fachbüchern.

Besuchen Sie uns im Internet:

http://www.grin.com/

http://www.facebook.com/grincom

http://www.twitter.com/grin_com

Jürgen Berndt

Literaturbericht zu Karin Finks Aufsatz „Aufsuchende Sozialarbeit im Bereich der männlichen Prostitution"

Inhaltsangabe

1 Autorin Karin Fink

Karin Fink arbeitet seit langem in der Stricher-Szene Frankfurt als Sozialarbeiterin. Sie ist im KISS-Projekt[1] tätig. Das Projekt wurde von der AIDS-Hilfe Frankfurt e.v. im Frühjahr 1990 als niedrigschwellige Anlaufstelle für Jungen und Männer eingerichtet, die „anschaffen" gehen. Neben Karin Fink steht noch ein weiterer Ansprechpartner und Bezugsperson zur Verfügung. Neben der Aufsuchenden Sozialarbeit gibt das KISS auch praktische Hilfen: Hier können elementare Bedürfnisse abgedeckt werden – essen, trinken, Körperpflege, Wäsche waschen. Darüber hinaus hat das KISS eine Schutz- und Ruhezone, die von den Klienten individuell genutzt werden.

2 Öffentliche Meinung und Moral

Die verschiedenen Kinderpornoskandale der letzten Jahre haben zu wiederholten Berichten in den Medien geführt. Dabei richtete sich die Aufmerksamkeit mehr auf die Verbindung zur Kinderpornoszene und auf die vermeintliche Minderjährigkeit der Stricher als auf Probleme und spezifischen Bedürfnisse dieser Gruppe. Während der Emanzipations- und Professionalisierungsprozess der weiblichen Prostituierten schon seit Jahrzehnten im vollen Gange ist, kann man sich im Bereich der männlichen Prostitution nur schwer von dem Bild des unschuldigen, minderjährigen Jungen lösen, der auf einer schäbigen Bahnhofstoilette zu sexuellen Diensten verführt wird. Es ist daher von großer Bedeutung, dass man die Hintergründe, die Problematik und die Bedürfnisse dieser Gruppe verdeutlicht. Deshalb muss der Sozialarbeiter, der mit diesen Gruppen arbeitet, bemüht sein ein wirklichkeitsgetreues Bild zu vermitteln, ohne diese Gruppe als Opfer oder gar als Täter zu stigmatisieren.[2]

3 Wichtige Merkmale der Stricher Szene

Symptomatisch für die männliche Stricher-Szene ist die extrem hohe Fluktuation. Einerseits sicher deshalb, weil manche junge Männer nur für eine relativ kurze Zeit in ihrem Leben anschaffen gehen. Viele Stricher wollen z.B. eine finanzielle Notlage überbrücken oder ermöglichen sich so die Anschaffung materieller Güter.
Andererseits erlaubt die Prostitution, sexuelle Erfahrungen mit Männern zu machen, ohne sich selbst als „Schwuler" definieren zu müssen.

---

[1] KISS: Kriseninterventionsstelle für Stricher
[2] vgl. AIDS-Hilfe Frankfurt
3

Der wichtigste Grund allerdings ist einfach das Gesetz des Marktes: Gefragt sind immer wieder neue und junge Gesichter und Körper. Die Attraktivität eines „Sexworkers"[3] nimmt mit seinem Bekanntheitsgrad ab (Ausnahme: Callboys). Dies führt meist dazu, dass sich viele Sexworker nur über eine relativ kurze Zeit am selben Ort aufhalten.

4 Die Definition

Männliche Prostituierte sind keine homogene Gruppe: Herkunft, Hintergründe, Probleme und die Formen der Prostitution unterscheiden sich in hohem Maße. Meist werden daher nur zwei Gruppen unterschieden:

- Stricher
- Callboys

Beide Gruppen unterscheiden sich in erster Linie durch die Form der Prostitution. Stricher arbeiten in der Regel auf der Straße und in Bars, während Callboys entweder selbständig oder über Escort-Agenturen arbeiten. Darüber hinaus beinhalten beide Begriffe hintergründige – wenn auch explizit beschriebene- Informationen. Obdachlosigkeit, Drogengebrauch, psychische, soziale und medizinische Probleme werden eher der Gruppe der Stricher zugeordnet. Im Gegensatz dazu werden Callboys als selbständig, selbstbewusst und professionell arbeitende Sexworker gesehen. Diese Definition ist teilweise hilfreich, spiegelt die Realität nur grob wieder.[4] Nicht automatisch sagt die Form der Prostitution etwas über die Professionalität oder die Problembereiche des Betreffenden. Callboys haben ähnliche Probleme wie Stricher und fühlen sich durch ihre Arbeit isoliert. Außerdem grenzen beide Begriffe andere Formen der Prostitution aus (z.B. Bordelle, Clubs usw.).

5 Spezifische Probleme

Männliche Prostituierte unterscheiden sich in vielerlei Hinsicht von der weiblichen. Dies trifft nicht nur auf die unterschiedlichen Formen der Prostitution zu, sondern auch auf die Problemfelder, auf die man in der praktischen Arbeit stoßen kann. Dazu gehören:

---

[3] Sexworker: Der Englische Begriff „sex worker" scheint auf den ersten Blick am besten
[4] vgl. MSW („Male Sex Work"): Ein nationales Projekt in der Schweiz. Es richtet sich an männliche Sexworker und deren soziales Umfeld (Kunden, Partner, Partnerinnen). Das Projekt ist in den Städten Basel, Genf und Zürich aktiv.

- *Doppeltes Tabu*

Männliche Prostitution ist mit einem doppelten Tabu (Prostitution und vermeintliche Homosexualität) behaftet. Diese Problematik ist besonders verstärkt bei der Gruppe der osteuropäischen Sexworker. Gerade in osteuropäischen Ländern ist Homosexualität gesellschaftlich nicht akzeptiert. Die gesellschaftliche Tabuisierung führt somit auch zu einer individuellen Tabuisierung. Das Thema Prostitution ist daher schwer zu thematisieren und fordert somit ein hohes Maß an Vertrauen.

- *Sexuelle Identität*

Viele der Klienten stammen aus einem Umfeld, das Homosexualität nicht akzeptiert. Ein Großteil der Jungen definiert sich daher als heterosexuell. Die Arbeit im Sexbusiness konfrontiert sie mit ihren eigenen sowie den kulturell bedingten Vorurteilen gegen Homosexualität. Manche der Jungen haben nach Jahren ihr „coming-out". Viele heterosexuelle Stricher kompensieren ihre Scham mit übertriebenem Machoverhalten und negativen Verhaltensmustern gegenüber homosexuellen Männern und Frauen.

- *Drogenproblematik*

Drogengebrauch ist und bleibt ein vorrangiges Problem in der Stricher-Szene. Dazu gehört vor allem der Konsum von Alkohol und Kokain. Dieser Faktor beeinflusst die Arbeit des Sozialarbeiters immens. Zum einen verschlimmert sich die allgemeine Situation (sowohl finanziell als auch gesundheitlich), zum anderen wird der Kontakt auf der Straße flüchtiger.

- *Gesundheit*

Zum Thema Gesundheit gehört nicht nur die HIV- uns STD[5]-Prävention. Stricher sind auf Grund ihrer Lebenssituation (z.B. Obdachlosigkeit, Drogengebrauch) den verschiedensten Gesundheitsrisiken ausgesetzt. Hinzu kommt, dass sie der eigenen Gesundheit nicht immer höchste Priorität beimessen. Solange Geldverdienen, Dach über dem Kopf haben oder Drogen beschaffen den Alltag beherrscht, bleibt nur wenig Raum für gesundheitsspezifische Themen.

- *Ausländische Stricher*

Seit geraumer Zeit spielt auch Migration und Mobilität in der praktischen Sozialarbeit eine wichtige Rolle. Im Jahr 2002 lag z. B. der Anteil der ausländischen Stricher in

---

[5] STD: Sexueally Transmitted Diseases: Geschlechtskrankheiten im Allgemeinen

Hamburg bei 31 Prozent. Mehrheitlich kamen diese Klienten aus osteuropäischen Ländern – vor allem aus Polen und Tschechien.[6] Dies hat zur Folge, dass man mit einer Vielzahl unterschiedlicher Nationalitäten arbeiten muss. Darüber hinaus verbleiben viele Stricher nur für kurze Zeit im Land um danach in anderen Ländern ihr Glück zu suchen. Diese Faktoren beeinflussen nachhaltig die praktische Arbeit. Der Kontakt zu den verschiedenen Nationalitäten muss immer auf die jeweiligen kulturellen Bedürfnisse abgestimmt werden.

▪ *Illegalität*
Ebenfalls ein starker Einfluss auf die Lebenssituation hat die Illegalität. Diese Problematik gilt für den Großteil der Stricher, auch wenn sie aus EU-Ländern stammen. Auch sie haben zumeist keine gültige Aufenthaltsgenehmigung und sind nicht versichert.

▪ *Sexuelle Gewalt*
Leider spielt sexuelle Gewalt eine große Rolle im Alltag des Sexworkers. Viele – vor allem suchtmittelabhängige – Sexworker berichten über sexuelle Gewalterlebnisse in ihrer Kindheit. Der Sozialarbeiter kann den Sexworker nur motivieren, ihre Gewalterlebnisse konsequent bei der Polizei anzuzeigen oder bei der Opferberatungsstelle für gewaltbetroffene Männer aufzuarbeiten. Dies gelingt in der Praxis aber relativ selten. Vielfach spielen starke Abwehrmechanismen sowie ein generell hohes Misstrauen gegenüber Behören und Sozialtätigen eine Rolle.

6 Multiplikatoren

Im Rahmen der Arbeit am Bahnhof oder in einschlägigen Bars trifft man nicht nur die Sexworker, sondern auch Freier und Barpersonal. Beide Gruppen tragen maßgeblich zu der Atmosphäre in der Szene bei. Darüber hinaus können sie einen wichtigen Beitrag zur praktischen Arbeit leisten. Der Freier kann den Sozialarbeiter mit „neuen" Jungen in Kontakt bringen, und auch das Barpersonal kann auf aktuelle Probleme hinweisen. Allerdings sind Kontakte mit Multiplikatoren nicht immer sinnvoll und effektiv. Dies gilt vor allem dann, wenn die Interessen der Multiplikatoren nicht mit denen der Stricher identisch sind. Deshalb sollte man sich als Sozialarbeiter in Kontakten mit Multiplikatoren eher zurückhaltend

---

[6] vgl. BASIS Jahresbericht 2002, S. 32
   BASIS-Projekt: Anlaufstelle für männliche Prostituierte. Anlaufstelle und Übernachtungsstelle für männliche Prostituierte in Hamburg
6

verhalten, um das Vertrauensverhältnis zwischen den Sexworkern und den Sozialarbeitern nicht zu schädigen.

7 Praktische Arbeitsbereiche für den Sozialarbeiter

Um mit Hilfe spezifischer Methoden und Angeboten die Gruppe der Stricher zu erreichen und entsprechend zu unterstützen, sind folgende Arbeitsbereiche abzudecken.

- *Streetwork*
Die Aufsuchende Arbeit konzentriert sich auf öffentliche Plätze wie Bahnhof oder einschlägige Bars. Darüber hinaus muss man auf Signale innerhalb der Szene reagieren. Wichtig ist auch, regelmäßig andere Orte zu besuchen, an denen die Sexworker anschaffen. Streetwork ermöglicht es, Kontakte zu den Sexworkern aufzubauen und eventuell bestehende Kontakte zu vertiefen. Die Erfahrung hat gezeigt, dass Streetwork einer der wichtigsten Bestandteile innerhalb der Stricherarbeit ist. Ohne Kontakte auf der Straße wäre es unmöglich, ein Vertrauensverhältnis zu der Gruppe aufzubauen.

- *Stricher Sprechstunden*
Neben der Streetwork Tätigkeit ist auch die Arbeit an einem festen Platz zu einer verlässlichen Zeit wichtig. Im Rahmen dieses Angebots können die Klienten in einem sicheren und vertrauten Umfeld Erfahrungen austauschen. Dazu gehören Themenbereiche wie HIV und Aids, STD's, Anschaffen, Verhandeln mit Freiern, Homosexualität, Drogengebrauch, Illegalität aber auch ganz allgemeine Dinge. Darüber hinaus kann die Sprechstunde auch Einzelgespräche mit einem entsprechenden Sozialarbeiter bieten.

- *Psychosoziale Betreuung und Begleitung*
In den Einzelgesprächen sind die zentralen Bereiche die rechtliche, soziale, gesundheitliche und psychische Situation des Einzelnen. Gemeinsam mit den Klienten wird versucht, eine geeignete Lösung und Hilfe zu finden. Diese Lösungen müssen sich allerdings stark an den Bedürfnissen des jeweiligen Klienten orientieren.

- *HIV- und STD-Prävention*
HIV, Aids und andere sexuell übertragbare Krankheiten (STD) sind zentrale Themenbereiche innerhalb der Stricherarbeit. Viele der Stricher wissen wenig oder gar nichts über die möglichen Übertragungswege und Risiken. Oft ist es eine irrationale

Angst vor einer möglichen Ansteckung und das Tabu, über die Sexualität und die verschiedenen sexuellen Techniken zu sprechen. Dies macht HIV- und STD-Prävention zu einem wichtigen Bestandteil der Sozialarbeit.

▪ *Vernetzung*
Praktische Zusammenarbeit mit anderen Organisationen, Behörden und Projekten sind ebenfalls wichtig. Eine gute Zusammenarbeit mit den verschiedensten ortsansässigen oder auch überregionalen Organisationen ist notwendig, um den Klienten adäquat weiterhelfen zu können.

8 Rahmenbedingungen

Die Aufsuchende Arbeit ist wie keine andere Abhängig von einem hohen Maß an Flexibilität, so ist es möglich besser auf die individuellen Probleme und Bedürfnisse einzugehen. Allerdings besteht auch die Gefahr, dass im Spannungsfeld des komplexen Gefüges des Aufgabenfeldes, von der Information zur Beratung bis hin zur Betreuung unterzugehen. Grundvoraussetzung ist deshalb eine planvolle Organisation der Rahmenbedingungen, um die negativen Aspekte vermeiden zu können und die Qualität und Effektivität des Arbeitsfeldes zu vergrößern.

Zusätzliche Literatur

AIDS-Hilfe Frankfurt,
http://www.frankfurt.aidshilfe.de/aht/in_wer_kiss.htm, 28.12.2003, 18:30 Uhr

BASIS Jahresbericht 2002 Projekt, Hamburg 2002

MSW, http://www.amoc-dhv.org/de/stricherarbeit_de.html, 3.01.2004, 22:15 Uhr